Béla Bartók

Rumänische Volkstänze

für Klarinette und Klavier
bearbeitet von Zoltán Székely und Kálmán Berkes

Universal Klarinetten Edition

Béla Bartók: Rumänische Volkstänze
für Klarinette und Klavier

UE 11 679
ISMN 979-0-008-01128-3
UPC 8-03452-02819-2
ISBN 978-3-7024-2061-1

Vorwort

Eines der Ergebnisse von Béla Bartóks intensiver Beschäftigung mit der musikalischen Folklore Südosteuropas sind die „Rumänischen Volkstänze" für Klavier. Diese im Jahre 1915 entstandene Komposition stellt jedoch nur ein Beispiel neben zahlreichen ähnlichen aus dieser Schaffensperiode dar. Es handelt sich hierbei um originale volkstümliche Melodien, die Bartók in Rumänien aufgezeichnet hatte und selbst harmonisierte. In der Folge bearbeitete er diese für kleines Orchester (1917), und bald darauf entstand mit seinem Einverständnis ein Arrangement für Violine und Klavier. Letztgenannte Fassung von Zoltán Székely bildet die Grundlage für die vorliegende Bearbeitung für Klarinette und Klavier. Wie kaum ein anderes Instrument vermag wohl die Klarinette den dieser Musik innewohnenden bukolischen Charakter auszudrücken.

Heinz Stolba

Preface

The "Roumanian Folk Dances" for piano were one outcome of Béla Bartók's intensive preoccupation with the folk music of Southeastern Europe. The present composition, dating from 1915, is just one of several similar works from this period in Bartók's life. The pieces are based on authentic folk melodies which Bartók himself wrote down in Roumania, adding his own harmonies. He subsequently arranged the pieces for chamber orchestra (1917), and soon after this Zoltán Székely arranged them for violin and piano with the composer's consent. It is on this latter version that the present arrangement for clarinet and piano is based. There can be few other instruments which so aptly convey the bucolic character intrinsic to this music than the clarinet.

H. S.

Préface

Les "Danses folkloriques roumaines" pour piano sont le résultat de l'intérêt intense de Bartók pour le folklore musical du Sud-Est européen. La présente composition, datée 1915, n'est toutefois qu'un exemple parmi de nombreux autres de la même période. Il s'agit de mélodies folkloriques originales, que Bartók a enregistrées en Roumanie et qu'il a lui-même harmonisées. Par la suite il les arrangea pour petit orchestre (1917) et peu après il donna son accord à ce qu'une adaptation fût faite pour violon et piano. Cette dernière version, de Zoltán Székely, est la base de la présente adaptation pour clarinette et piano. Peu d'instruments se prêtent comme la clarinette à traduire le caractère bucolique de cette musique.

H. S.

Rumänische Volkstänze

für Klarinette und Klavier
bearbeitet von Zoltán Székely und Kalmán Berkes

Béla Bartók

(1881 – 1945)

1. Joc cu bâtă

Universal Edition UE 11679

vacat

2. Brâul

Allegro

3. Pe loc

Andante (non troppo lento)

Clarinetto in si♭

Rumänische Volkstänze
für Klarinette und Klavier
bearbeitet von Zoltán Székely und Kalmán Berkes

Béla Bartók
(1881 – 1945)

1. Joc cu bâtă

2. Brâul

Universal Edition UE 11679 a

2

3. Pe loc

Andante (non tropo lento)

4. Buciumeana

Molto moderato

5. Poargă românească

4

6. Mărunțel

8

5. Poargă românească

Allegro

attacca

6. Mărunţel

Revue pour la Clarinette

UE-Nr.

Die Reihe wird fortgesetzt / This series will be continued

www.**universaledition**.com

vienna • london • new york

592 / 96 VI